디카시조집

바람 숲에 물소리

박순호 시조집

북매니저

바람 숲에
물소리

— 작가의 말 —

바람과 구름이 쉬어가는 노을에
떨리는 마음으로 펜을 들었습니다.

늦은 나이에 문학을 만나
수줍은 마음으로 첫 디카시집을 내놓습니다.
한 장의 사진, 한 줄의 언어라도
읽는 이의 마음에 작은 울림이 된다면
바람 숲 맑은 물로 흐르겠습니다.

2025. 가을 숲에서 박순호

| 목 차 |

시인의 말　　　　　5

제1부　　첫날　　　　　　12
　　　　형설지공螢雪之功　15
　　　　나비공원　　　　16
　　　　풍경　　　　　　19
　　　　향기　　　　　　20
　　　　노란 웃음　　　　21
　　　　봄 처녀　　　　　23
　　　　꽃처럼　　　　　24
　　　　봄소식　　　　　25
　　　　장군　　　　　　26
　　　　선비　　　　　　29
　　　　천년 고찰　　　　31
　　　　전설　　　　　　32
　　　　화무십일홍　　　34
　　　　봄날　　　　　　35
　　　　선산先山　　　　37
　　　　고려산　　　　　38
　　　　번식　　　　　　40
　　　　봄나들이　　　　41
　　　　꽃모자　　　　　42
　　　　기원　　　　　　45

제2부		
	어머니 사랑	49
	비행	50
	걱정	53
	물 위의 고요	54
	용기	56
	우리의 영토	57
	평화의 숲	58
	영혼	60
	호국 정신	63
	한때는	64
	새로움	65
	위험한 고개	66
	백두대간	67
	기다리는 풍경	69
	염원	70
	뜨고 가고	73
	김시습	74
	월드컵	75
	소원 성취	76
	정도 600년 타임캡슐	77

제3부

	하늘에 그린 전언	80
	위패도 모시고	83
	만선의 기쁨	84
	동행	87
	바람 숲	88
	기다림	90
	인내	91
	푸른 숲	93
	겨울 동심	95
	어부의 길	96
	희망의 꽃	98
	솔향의 시간	101
	기억 상실	102
	못 잊어	103
	아버지	105
	세월	106
	청춘 시절	109
	매개체	111
	어싱(Earthing)	112

제4부

세월의 탑		117
돌고 도는 노래		119
시인의 보금자리		120
하늘 계단		121
나들이		122
출렁이는 마음		124
열정		127
유혹		129
자비		130
연못에서		133
힘자랑		134
마음 머무는 곳		135
꿈		137
흐르는 시간		139
아침		141
가족 여행		142
함께		143
추모		144

제 1 부

첫날

새해 첫날 떠오르는 태양을 바라보고
하는 일 잘되라고 손 모아 기도하고
모두는 행복한 마음 가득 담아 웃는다.

형설지공螢雪之功

반딧불 눈빛 속에 겨울 눈 등불 삼아
밤마다 글을 읽어 한 뜻을 지켜내니
세월에 쌓이고 익어 결국에는 꽃 되네

나비공원

잔잔한 봄바람에 함평군 나비공원
범나비 호랑나비 흰나비 노랑나비
그중에 나비 화석이 마음속에 남는다

풍경

내 고향 카페에서 커피잔 기울이며
형제들 모여앉아 정다운 대화 속에
찻잔에 얼굴 그리며 가는 시간 즐겁다

향기

라일락 향기 따라 벌 나비 날아들고
갑자기 몰려온다 먹구름 천둥소리
개울가 아슬한 무덤 청개구리 개골음(開骨吟)

노란 웃음

봄날은 무르익고 실안개 내리는 날
금계국 노란 꽃잎 웃으며 피고 지고
민들레 하얀 꽃송이 수줍어서 웃는다.

봄 처녀

한내천 봄꽃 축제 바람은 살랑살랑
수줍게 피어나는 아름다운 꽃잎들
봄 처녀 치맛자락에 아롱아롱 봄 향기

꽃처럼

쌍떡잎 자랄 때는 똑같은 풀이건만
꽃 피고 향기 품고 가을에 열매 맺고
자연의 한해살이도 인간 세상 똑같네.

봄소식

건봉산 능선 넘어 금강산 지척이고
길섶에 이름 모를 야생화 피고 지고
백일홍 향기 풍기는 건봉사의 봄바람

장군

신흥사 흔들바위 흔들고 올라서니
가파른 천국 계단 발목을 붙잡는다
떨리는 가슴 안고서 울산 바위 잡았네

선비

두타산 무릉 계곡 흐르는 물과 함께
시 쓰고 읊으면서 즐기는 선비들이
널따란 바위에 앉아 새겨 놓은 시어들

천년 고찰

용대리 만해 마을 백담사 천년 고찰
승려이며 시인이신 한용운 발자취에
한 시대 대통령 유배 계곡에는 돌탑이

전설

용문산 깊은 계곡 흐르는 물소리는
전설 속 은행나무 천년을 같이하고
숲 그늘 바람 소리도 가는 세월 못 잡네

화무십일홍

예쁘게 피는 꽃도 십 일을 못 넘기고
아침에 붉은 태양 서산에 노을지고
흐르는 세월 속에 젊음도 지나가고
바람에 구름 가듯이 따라가는 인생사

봄날

즐거움 더해 주니 감명이 전해지고
은은한 꽃향기는 상쾌한 기분이고
봄날에 청초한 잎은 마음 깊이 남는다.

선산先山

신분제 사회에는 양반과 서민으로
왜구의 강점기엔 수모와 강압으로
6.25 전쟁 시엔 생사의 갈림길로
한 많은 세월 속에서 살아오신 부모님

고려산

강화 섬 봄이 오면 고려산 능선에는
진달래 꽃잎마다 예쁘게 물이 들고
백련사 미꾸지고개 발걸음이 가볍다.

번식

식물도 꽃잎으로 예쁘게 치장하고
수술은 바깥에서 암술을 보호하고
서로의 합동 작전에 몰려드는 벌 나비

봄나들이

좋은 날 나들이에 이파리 나풀나풀
포근한 햇살 받고 꽃줄기 나오면서
수줍은 벌개미취 꽃 아름답게 피었네.

꽃모자

패랭이 모자 쓰고 외줄 위 공중부양
한 손에 부채 쥐고 아가씨 외줄 타고
순수한 우리 고유의 민속놀이입니다

기원

척박한 환경에서 꿋꿋이 핀 접시꽃
저 꽃이 건강하고 예쁘게 피는 날에
모두의 해맑은 모습 보았으면 좋겠네

제 2 부

어머니 사랑

우물가 감나무는 노란 꽃 피고 지고
두레박 우물 퍼서 빨래한 우리 엄마
가을날 씨 없는 홍시 보내주신 어머니

비행

꽃들은 작지만은 미소가 가득하고
풍성한 꿀 향기에 벌 나비 앞다투고
가을날 낙하산 매고 비행하는 씨앗들

걱정

밤사이 함박눈이 온 세상 흰빛으로
침엽수 나뭇가지 위에도 소복하다
큰 가지 부러질까 봐 걱정되는 아침에

물 위의 고요

꽃잎은 겹겹으로 수면에 보여주고
뿌리는 수염같이 물밑에 말굽 모양
해 뜨면 예쁘게 피고 밤에 자는 수련 화

용기

어느 날 파란 하늘 태극기 바라보면
조국을 사랑하는 충성심 샘솟으며
나 역시 할 수 있다는 자신감이 생긴다

우리의 영토

고구려 시대에는 영토가 만주까지
현재나 옛적이나 권력에 눈이 멀어
패거리 권력 다툼에 시대 변천 여전해.

평화의 숲

이념에 동족상쟁 칠십 년 세월 가고
비무장 지대에는 수많은 희귀 동식물
후손에 물려줄 유산 보물 같은 생태계.

영혼

육이오 전쟁일 때 치열한 투쟁으로
수많은 청춘들이 잠든 곳 백마고지
조국에 몸 바친 영혼 길이길이 빛나리.

/제2부/

바람 숲에 물소리

호국 정신

해방의 종소리가 들리는 흑성산에
우렁찬 만세 소리 하늘 높이 오르고
조형물 겨레의 탑은 호국 정신 심는다.

흑성산 능선에 우뚝 솟은 독립기념관
우리의 민족 얼이 숨 쉬는 전시실에
자유에 몸 바친 영혼 잊지 않고 새기리.

한때는

한때는 만세 소리 우렁찬
숭례문
한때는 화마로 불행 겪은
숭례문
오늘날 수문장 교대 행사하는
숭례문

새로움

수십 년 살아오던 산비탈 서민 주택
재개발 유행으로 아파트 신축하러
오늘도 중장비 소리 쉴 새 없이 울린다.

광명 철산4동

위험한 고개

63년 진부령은 위험한 고개였다
최전방 포병으로 근무한 기억나서
옛 추억 그려 보면서 화진포로 떠난다.

백두대간

백두산 태백산맥 한반도 백두대간
진부령 능선 따라 설악산 올라타고
지리산 천왕봉에서 하늘 보고 웃는다.

기다리는 풍경

금강산 해금강은 지척에 놓여 있다
우렁찬 동해 파도 은모래 적셔 주고
금강산 일만 이천 봉 가고 싶은 해금강

염원

누구나 한결같이 통일을 갈망하고
고향 땅 부모 형제 마음속 그리면서
오늘도 부처님 앞에 두 손 모아 기도를

뜨고 가고

저녁에 지는 해는 아침에 다시 뜨고
청춘은 지나가면 다시는 오지 않고
지나간 무정한 세월 다시 안 와 쓸쓸해

김시습

거열형 사육신을 노들에 묻어 놓고
충신은 생육신에 평생을 삿갓 쓰고
하늘을 보지 못하고 무량사에 입적했네.

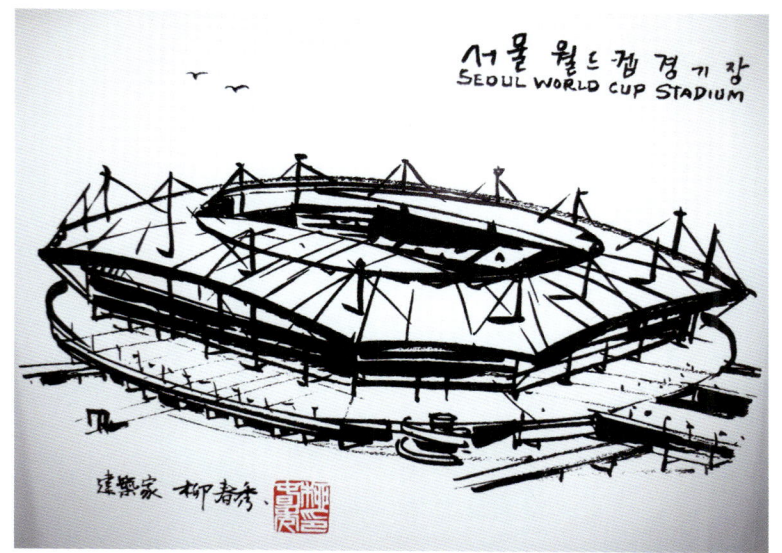

(2022. 5.3 1. ~ 6. 3. 월드컵 상암경기장)

월드컵

꾸준히 노력하여 단련된 기량으로
최초로 한국 4위 대단한 성과 이뤄
온 국민 높은 함성은 하늘 위로 올랐다

소원 성취

관암사 올라가는 계단은 1365 계단
갓바위 부처님께 손 모아 기도하고
하산길 산새 소리에 발걸음이 가볍네.

정도 600년 타임캡슐

서울의 모습 600점 담아
정도 1,000년에 후손 문화유산
매설 1994. 11. 29. 개봉일 2394. 11. 29.
     (박순호 600년 타임캡슐에) 남산

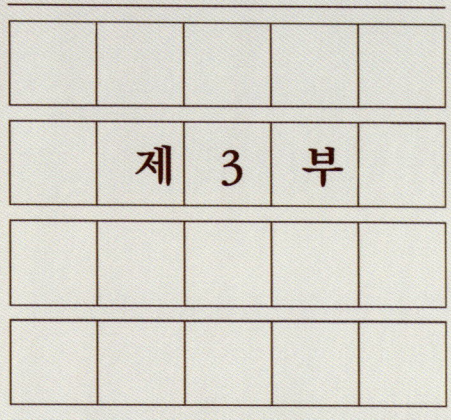

제 3 부

하늘에 그린 전언

먼 옛날 국가 위기 있을 때 산봉우리
화구는 연기 올려 신속히 전달하고
오늘날 전화 통신에 대용하는 봉화구

서울 남산

위패도 모시고

승병장 서산 대사 위패를 모시는 곳
천왕산 병풍처럼 재악산 둘러앉아
바람도 머물다 가는 밀양 고을 표충사

만선의 기쁨

바다는 변덕쟁이 수시로 변하지만
오늘도 고기잡이 출항한 아버지는
만선에 뱃고동 소리 자랑스레 오신다

동행

나란히 부처꽃과 예쁘게 피어 있네
뜰 안에 다소곳이 머리를 숙이고서
순결한 속마음으로 미소 짓는 하얀꽃

바람 숲

하늘은 푸른 바다 정원은 초록 물결
서 있는 바람개비 바람을 기다리고
구름도 쉬어 가는 곳 바람 숲에 하얀 집

기다림

아침에 앞마당에 산까치 노랫소리
손님이 오시려나 반갑게 들려온다.
사립문 활짝 여시고 기다리는 부모님

인내

가로수 수양버들 시골길 덜컹덜컹
맨발의 고무신에 흰 치마 하얀 적삼
허리는 동여매고 머리엔 따뱅이 놓고
다라이 농산물 담아 장에 가는 아낙네

따뱅이= 퐈리(경북 방언)
다라이= 일본말 함지 대야)

푸른 숲

청춘은 천방지축 마음껏 뛰놀았고
중년은 싱글벙글 영원한 줄 알았고
노년은 무정세월에 주름살만 늘었네.

겨울 동심

고드름 입에 물고 야물게 깨물 때에
이빨에 금이 가도 좋기만 하던 시절
노년에 틀니 끼우니 그날들이 그립다

어부의 길

오늘도 어부들은 먼바다 파도 타고
통통배 돌아올 때 불 밝힌 붉은 등대
만선의 뱃고동 소리 우렁차게 들린다.

희망의 꽃

봄바람 살랑살랑 벚나무 스쳐가고
간밤에 부슬비가 머물고 간 자리에
고목의 옆구리에도 희망의 꽃 피는 봄

/제3부/

바람 숲에 물소리

솔향의 시간

꽃바람 부는 날에 불청객 송홧가루
소나무 푸른 잎은 햇살에 반짝이고
상큼한 소나무 향기 소매 끝에 스친다.

기억 상실

가을에 숨겨 놓은 도토리 찾으려고
열심히 이곳저곳 둘러도 보았지만
오늘도 찾지 못하고 돌아가는 다람쥐

못 잊어

돌 한 층 진흙 한 층 정다운 시골 담장
비좁은 골목길에 곱게 핀 애기똥풀
내 고향 잊을 수 없는 추억 어린 돌담길

아버지

비탈진 황토밭에 사과나무 심어놓고
물 주고 거름하고 풀 뽑아 가꿨으나
열매는 보지 못하고 돌아가신 아버지

세월

물 힘에 물레방아 힘차게
돌아가고
세월이 흘러 흘러 인생도
흘러가고
한세상 살아온 길은 노을 속에
저물고

청춘 시절

십 대와 이십 대는 보여주는 세대이고
삼십 대 사십 대는 숨기는 세대이고
오십 대 육십 대에는 챙겨보는 세대이다.

매개체

한 자리 묵묵하게 누워 있는 징검다리
매개체 역할 하는 인생의 징검다리
돌다리 흐르는 물에 따라가는 인생사

어싱(Earthing)

발바닥 흙과 접촉 지구의 정기 받고
황토의 원적외선 몸속에 들어오니
자연 속 맨발 걸음이 심신 건강 지름길

*어싱= 맨발로 땅 밟아 지구와 몸 연결

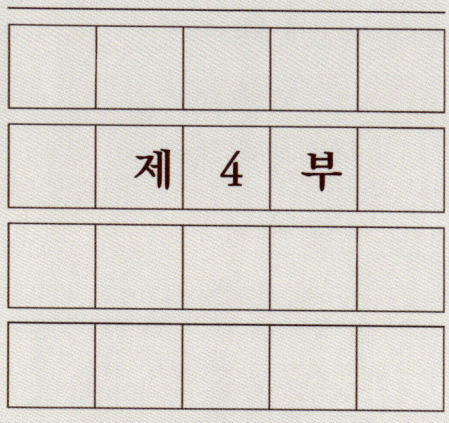

제 4 부

바람 숲에 물소리

세월의 탑

봉미산 능선 끝에 신륵사 앉아 있고
육백 년 은행나무 관음보살 오셨다.
남한강 강월헌 아래 돛단배는 가는데

바람 숲에 물소리

돌고 도는 노래

바람아 불어다오 힘차게 돌고 싶다.
힘든 일 불평 없이 열심히 살고 싶다.
오늘도 일자리 찾아 헤매 도는 구직자

시인의 보금자리

수줍게 앉아 있는 아담한 붉은 벽돌
소박한 뜰 안에는 나비가 춤을 추고
담벼락 담쟁이덩굴 푸르름을 더한다.

하늘 계단

첫 계단 올라서니 넓은 숲이 보이고
중간 계단 올라서니 넓은 세상 보이고
끝 계단 올라서 보니 하늘길이 보이네.

나들이

이슬비 부슬부슬 내리는 허브 농장
발걸음 타박타박 여인의 걸음 소리
향기도 봄비 맞으며 치맛자락 스치고

출렁이는 마음

방치된 채석장에 삼각형 구름다리
폭포수 쏟아지고 수련 화 아름답다
도덕산 출렁다리는 광명 시민 자부심

열정

수줍은 작약꽃이 곱게도 피어 있네
열정과 사랑으로 태어난 분홍 작약
해마다 예쁜 자태로 피었으면 좋겠네.

유혹

아파트 모퉁이에 청순한 나무 수국
따스한 바람으로 커지는 꽃봉오리
향기에 지나는 이들 발걸음을 멈춘다.

자비

연꽃은 자비로운 세상을 말해 주고
보련화 진흙에서 자라도 생기유상(生己有想)
연잎 위 물방울같이 돌아가는 세상사

*생기유상= 존경스러운 사람이 되어라

/제4부/

연못에서

이마에 땀방울이 흐르는 여름날에
연못가 식당에서 친구와 밥을 먹고
예쁘게 피어 있는 생(生) 부처꽃을 보았네.

힘자랑

힘센 소 모두 모인 청도군 돔 경기장
넘치는 힘자랑에 박진감 솟아나고
청 백군 가리지 않고 힘센 놈이 왕일세

마음 머무는 곳

보문사 눈썹 바위 삼대 해상 기도처
석모도 뱃길에는 갈매기 휘휘 날고
낙가산 서쪽 갯벌은 자연 생태 안식처

꿈

바람과 숲이 있는 파아란 하늘 아래
초원에 집을 짓고 둘이서 살고 싶은
희망은 누구나 같은 마음이고 꿈이지

흐르는 시간

용대리 황태 덕장 내설악 백담사에
청정수 굽이굽이 흐르는 백담 계곡
돌탑 쌓고 물놀이하고 하루해가 짧았네.

바람 숲에 물소리

아침

밤사이 개천 둔치 함박눈 소복하네
눈 쌓인 뚝방 길에 발자국 선명하고
앙상한 실가지 끝에 하얀 눈꽃 피었네.

가족 여행

청춘의 푸른 나무 다소곳 인사하는
화담숲 품에 안겨 가족을 떠올리네
가을날 온 가족 모여 웃음꽃을 피우리

함께

내일도 한집에서 소중한 마음으로
같이한 수십 년에 감사함 전하면서
소중한 남은 세월도 행복하게 살아요.

추모

해방 후 부모님이 추수한 햇곡들을
지게에 짊어지고 신둔사 가실 때에
무명옷 터진 바지에 따라가던 유년기

오늘은 후손들이 조계종 종단에서
평안을 기도하고 발자취 남기면서
조상님 극락왕생을 두 손 모아 빌었네.

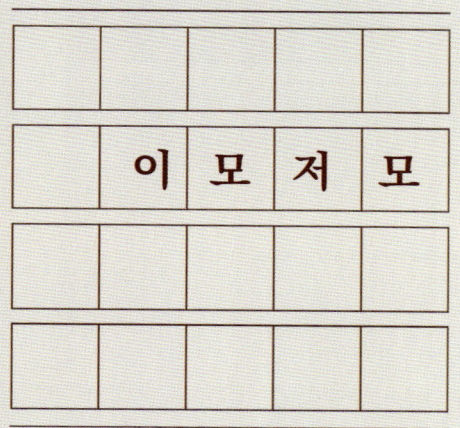

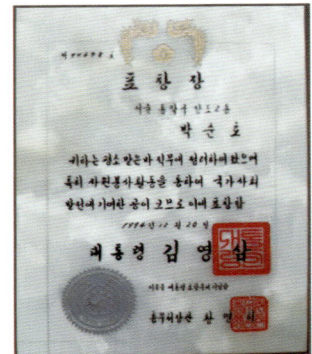
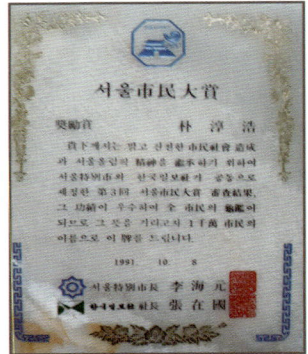

전국 한마음 봉사 선발인

국군의 날 서울 시민 대표 참석

전국 한마음 시상식

/이모저모/

고건 국무총리 초청 오찬

광명문협 행사 참석

바람 숲에 물소리

초판1쇄 인쇄 2025년 9월 20일
초판1쇄 발행 2025년 9월 26일

글쓴이 박순호

펴낸이 김희진
펴낸곳 Book Manager   **주소** 전주시 완산구 메너머 4길 25-6
전화 (063) 226.4321   **팩스** (063) 226.4330

전자우편 102030@hanmail.net

출판등록 제1998-000007호

ISBN 979-11-94372-37-0(03810)
값 15,000원

-----

* 이 도서는 예술인복지재단에서 지원받아 제작되었습니다.

· 잘못된 책은 바꿔드립니다.
· 이 책은 저작권법에 따라 보호 받는 저작물이므로 무단 전재와 복제를 금지합니다. 이 책의 내용 전부나 일부를 이용하려면 반드시 저자와 북매니저의 서면 동의를 받아야 합니다.